Гжегож Калдепке

Возвращение детектива

ПОЗИ-ТИВКИ

Перевод с польского
С. Карпенка

Художник Пётр Рыхель

РЕЧЬ

Санкт-Петербург — Москва
2020

УДК 087.5
ББК 84 (4Пол)6
К14

Каздепке Г.

К14 Возвращение детектива Позитивки / Г. Каздепке ; пер. с польск. С. Карпенка ; рис. П. Рыхеля. — СПб. ; М. : Речь, 2020. — 80 с. : ил.

ISBN 978-5-9268-3066-5

Кажется, в старом доме ничего не изменилось: пан Войтек подметает двор, пани Маевская ворчит, Тухляк замышляет очередную аферу. Вот только на чердаке в детективном агентстве «Розовые очки» по-прежнему пусто, детектив Позитивка так и не вернулся. Дети грустят и отказываются шалить. И тут появляется некий заграничный наследник старого дома, который собирается выселить всех его жителей. Что же делать? Надеяться только на чудо и... мумию!

Дорогие читатели часто меня спрашивают: «А вы известный писатель?» Думаю, если бы я был известным писателем, вряд ли меня бы об этом спрашивали. Вот кто настоящая звезда, так это придуманный мною детектив Позитивка. Мне часто приходится объяснять, что детектив Позитивка почти никогда не ошибается, но с его автором, то есть со мной, это иногда случается. Например, в книге «Новые расследования детектива Позитивки» был опубликован рассказ, из которого следует, что лизнуть собственный локоть невозможно. С тех пор ко мне регулярно подходит какой-нибудь ребёнок, чтобы продемонстрировать свои умения в этой области. А в книге «Трофеи детектива Позитивки» утверждается, что лист бумаги формата А4 (который используется в принтере) можно сложить только семь раз: пополам, потом ещё раз пополам, потом снова, и ещё раз... А между тем герои популярной программы «Разрушители мифов» доказали, что лист можно складывать дальше — но он должен быть о-о-очень тонким!

Ну что ж, пусть все эти неточности будут на моей совести. Если бы детектив Позитивка писал книги о себе сам, таких ошибок бы не случилось. Но он их не пишет, и неизвестно, напишет ли когда-нибудь, ведь он пропал! Найдётся ли он в этой книге? Вот в чём вопрос!

Желаю приятного чтения!

Автор

Загадка первая,

или Снова полная ячейка

Вроде бы ничего не изменилось с тех пор, как пропал детектив Позитивка: пан Войтек мёл двор, пани Рычай проверяла диктанты, пани Маевская ворчала, а Тухляк целыми днями сидел в подвале и планировал свои тёмные делишки. Но достаточно было взглянуть на детей, чтобы понять, что всё стало по-другому.

Доминик каждое утро просыпался с надеждой на то, что детектив Позитивка вернулся, поэтому он перед завтраком взбегал на шестой этаж и... Возвращался с поникшей головой, разглядывая скрипучие деревянные ступеньки.

Зузя, сестра Доминика, целыми днями сидела у окна, высматривая знакомую худощавую фигуру. Когда встревоженная мама предлагала ей погулять, Зузя отказывалась, лишь иногда ради маминого спокойствия выходила из дома, вставала у ворот и разглядывала прохожих. Но детектива Позитивки среди них не было.

А Ася с первого этажа, самая младшая жительница дома, была уверена, что первым человеком, который принесёт новости о детективе, будет почтальон (ведь почтальоны знают всё и всех). Поэтому каждый день она выбегала навстречу пану Сташеку, который нёс через плечо чёрную набитую сумку. Неудивительно, что вскоре они подружились.

— Счёт за электричество, реклама и письмо из банка! — объявлял пан Сташек, поправляя тщательно уложенную на лысине прядь волос. — Больше ничего для вас сегодня нет!

— Ни одной открытки? — спрашивала Ася.

— Только реклама сантехники.

— А от детектива Позитивки?

— Мне очень жаль, — почтальон беспомощно разводил руками.

Увидев, как расстроена Ася, он поручил ей бросать письма в нужные ячейки в почтовом ящике. Она опускала в ячейки уведомления о штрафах Тухляку (ячейка в самом низу), приглашения для пани Маевской на демонстрацию аппаратов для измерения давления (вторая ячейка снизу), газеты и журналы о литературе, которые выписывала пани Рычай (третья ячейка сверху), банковские выписки родителям Доминика и Зузи (вторая ячейка сверху) и, наконец, адресованные детективу Позитивке листовки с рекламой луп, биноклей, подслушивающих устройств, наручников и удобрений для кактусов (самая верхняя ячейка). К сожалению, с каждым днём запихивать конверты в ячейку с надписью «Детективное агентство "Розовые очки"» становилось всё сложнее — из неё уже много недель не забирали почту. Пан Сташек сказал Асе, что скоро ему придётся относить корреспон-

денцию к двери агентства или оставлять её на почте. А пока он осторожно брал Асю под мышки и высоко поднимал её, и девочка с трудом заталкивала конверт в ячейку агентства. А потом бежала в детский сад.

Однажды во дворе её остановила взволнованная Зузя.

— Кажется, он вернулся! — крикнула она, подпрыгивая у ворот дома. — Несколько дней назад!

— Кто?.. — Ася хорошо понимала, о ком идёт речь, но не хотела сглазить.

— Детектив Позитивка! — Зузя была вне себя от радости. — Я почти на сто процентов уверена, что видела его на улице!

Ася восторженно пискнула, но тут же озадаченно умолкла.

— А ты была в агентстве? — спросила она.

— Он не открывает.

— Но он внутри?

— Мне так кажется. — Радость Зузи немного утихла. — Мне кажется, что там кто-то ходил.

Наступило молчание.

— Тогда почему он скрывается? — Ася недоумённо посмотрела на старшую подругу.

Зузя обиженно замолчала. Ася мысленно прокрутила в памяти всё утро, от пробуждения до нынешней минуты. Потом покачала головой и молча пошла на улицу, где её уже ждала мама.

Нет, детектив Позитивка не вернулся.

Она бы это точно заметила.

Благодаря дружбе с паном Сташеком Асе не нужно было подниматься на шестой этаж, чтобы узнать, вернулся ли детектив Позитивка. Кто из вас уже догадался почему?

Загадка вторая,

или Осторожно, пенка!

Болтушка Ася на этот раз шла в детский сад молча. Мама посматривала на неё, но ничего не спрашивала — и так было ясно, что печалит её дочку. Она только взяла Асю за руку, чтобы немного приободрить. По пешеходному переходу они перешли на другую сторону улицы.

— Как ты думаешь, он вернётся? — тихонько спросила Ася, когда они уже подходили к детскому саду.

— Я надеюсь, — ответила мама.

— Если он вернётся, я больше никогда не буду кривиться при виде молочной пенки! — торжественно пообещала девочка.

Мама невольно улыбнулась, потому что с пенкой на молоке была связана забавная история...

...Неожиданно наступил холодный декабрь, а потом зимние каникулы. Бо́льшую часть времени детектив Позитивка проводил, прислонившись к батарее в агентстве «Розовые очки». Там было тихо, спокойно и немного сонно. Позитивка закрывал глаза и представлял лагерь над озером, прогулку по солнечному парку, поездку на рыбалку... Почти ничего не мешало этим ленивым путешествиям в недалёкое прошлое. Дом накрылся снегом, словно белым пуховым одеялом, и если бы не суета пана Войтека, могло показаться, что все его жители погрузились в зимнюю спячку. Наверх редко доносились отзвуки шагов или хлопанье дверей в подъезде. Даже Тухляк засел в своём подвале и не показывал носу.

— Как-то странно, правда? — вздохнул пан Войтек, заглянув к детективу Позитивке. — Грустно, когда нет карапузов.

— Как это «когда нет карапузов»? — спросонок удивился детектив Позитивка.

— Ведь сейчас зимние каникулы. Зузя и Доминик уже уехали, а Ася с мамой как раз собирают чемоданы.

Точно, каникулы! Только сейчас детектив Позитивка понял, чего ему больше всего не хватает: суматохи, которую создавали жившие в доме дети. Каждый день они по нескольку раз прибегали на шестой этаж, чтобы рассказать детективу очередные невероятные истории. Но сегодня ни один ребёнок не постучал в выкрашенные розовой краской двери агентства.

— Ну да, две недели тишины и покоя, — грустно заметил детектив Позитивка. — Как-нибудь переживём.

— Что делать? — Пан Войтек беспомощно развёл руками. — Мы должны продержаться.

— Не волнуйтесь, время быстро пролетит, — утешала его направлявшаяся в сушилку пани Рычай. — После каникул они будут постоянно вам глаза мозолить.

— Ещё как! — засмеялся пан Войтек.

— Даже страшно подумать! — с улыбкой ответил детектив Позитивка.

И пошёл попрощаться с Асей и её мамой.

— Мозолить? — спросила Ася, когда детектив Позитивка повторил слова пани Рычай. — Что это значит?

— Глаза мозолить — это значит докучать, — объяснил детектив Позитивка.

— Досаждать, — добавила мама Аси.

— Действовать на нервы.

— Или...

— Я поняла, — перебила Ася. — Мозолить кому-то глаза — это значить мозолить глаза.

— Точно, — поддакнул детектив Позитивка. — Лучше и не объяснишь.

Квартира Аси выглядела, мягко говоря, не лучшим образом. Везде лежали стопки одежды, которую никак не удавалось запихать в один из четырёх огромных чемоданов. На прислонённых к шкафу лыжах повисли полотенца. Защитные очки и перчатки лежали в углу под батареей. А в один из лыжных ботинок мама Аси как раз укладывала мандарины, бананы и яйца вкрутую.

— По крайней мере, там они не раздавятся, — сказала мама, поймав вопросительный взгляд детектива Позитивки. — А есть нам что-то нужно, потому что ехать долго.

— Я не люблю яйца вкрутую, — Ася скривилась.

— Хватит! — Мама топнула ногой. — Я постоянно только и слышу: «не люблю того», «не люблю этого»! Если ты доешь завтрак, может, я разрешу вечером не есть яйца вкрутую!

Детектив Позитивка посмотрел на стол, там среди носков, трусов и тёплых свитеров стояла тарелка с молоком, куда надо было насыпать овсяные хлопья.

— Кажется, я пришёл не в самый удачный момент, — вздохнул он смущённо. — Извините...

— Да нет, вы пришли как раз вовремя! — остановила его мама Аси. — Может, вам

удастся уговорить дочку наконец взять ложку! Потому что я уже почти потеряла терпение! — И вышла из комнаты.

— Почему ты не ешь? — спросил детектив Позитивка.

— Я ем, — соврала Ася, пряча за спину чистую ложку.

Детектив Позитивка иронично поднял брови.

— Ну, хорошо, не ем, — призналась Ася. — Но мама зря ругается, что я не ем, если сама только что налила мне молока.

— Только что? — Детектив Позитивка посмотрел на тарелку.

— За секунду до вашего прихода, — заверила его Ася.

Детектив Позитивка молча взял у Аси ложку и снял толстую пенку с молока. Ася густо покраснела.

— Что? — надулась она.

— Ничего, — детектив Позитивка улыбнулся. — Мы с тобой знаем, что это молоко уже давно здесь стоит, правда?

— Всё-то вы знаете, — пробурчала Ася. — Но на каникулах я придумаю такое, что даже вы не сможете отгадать!

— Попробуй, — ответил развеселившийся детектив Позитивка. — У тебя целых две недели!

И с улыбкой посмотрел в окно.

А ты понял, что тарелка с молоком долго стояла на столе?

Загадка третья,

или Сдача металлолома

За время отсутствия детектива Позитивки Тухляк явно приободрился. Он часами сидел во дворе, курил, лузгал семечки и встречался с подозрительными типами. После себя они оставляли кучу мусора и ощущение тревоги и опасности. Пани Рычай стала закрывать дверь квартиры на все замки, мама Зузи и Доминика зажимала уши от непристойных шуток, мама Аси запретила дочери выходить во двор. Только пан Войтек пытался повлиять на хулиганов.

— Контейнер вон там, — заметил он, когда один из типов бросил под скамейку пустую алюминиевую банку.

— Очень красивый, — ответил тип под смех дружков.

— Он для металла, — пан Войтек старался сохранять спокойствие. — А колбасную обёртку бросайте в другой контейнер.

— Боюсь, что отсюда я не попаду, — тип притворно вздохнул. Его дружки гоготали, хлопая себя по бёдрам.

— Подойдите поближе, будет намного проще. — Пан Войтек посмотрел на него с отвращением. — Но если вы вольёте в себя ещё три банки, точно не попадёте.

В другой раз пан Войтек застукал одного из подозрительных типов в углу двора, когда тот справлял нужду.

— Вам не стыдно?! — крикнул он. — Так трудно спуститься на шесть ступенек в подвал, где есть туалет? — Он показал на окошко Тухляка.

— Там закрыто, — буркнул тип, не обращая особого внимания на стоявшего у него за спиной дворника.

— Нужно было ключ попросить! — Пан Войтек взглянул на Тухляка, который развалился на скамейке и притворялся, что дремлет.

— Я боялся разбудить коллегу... — ухмыльнулся дружок Тухляка.

В другой раз пан Войтек возвращался из магазина и остановился как вкопанный при виде Тухляка и какого-то подозрительного типа, которые пытались выкопать перекладину для выколачивания ковров. Рядом с ними стояла детская коляска, доверху нагруженная металлическими стержнями, пружинами, кастрюлями, деталями старой стиральной машины и прочим металлоломом.

— Это что такое? — гаркнул пан Войтек. — Вы с ума сошли? — Он поставил пакеты с покупками, подбежал к Тухляку и вырвал у него из рук лопату.

— Я проверяю, — прохрипел Тухляк.

— Что вы проверяете? — Дворник стал засыпать уже частично откопанный железный столбик перекладины.

— Глубоко ли вкопана эта перекладина, — на ходу придумал Тухляк.

— А то ещё опрокинется, — добавил потрёпанный тип. — Это же опасно.

— Не переживайте, — проворчал пан Войтек, утаптывая вскопанную землю. — Она стоит здесь лет тридцать и даже не покачнулась!

— Вот именно, лет тридцать... — Подозрительный тип был настроен продолжать спор. — Она уже и заржаветь могла.

— Хватит! — разозлился дворник.

— Зачем так кричать? — спросил Тухляк. — Повежливее нельзя?

— Вы меня ещё учить будете? — Пан Войтек даже покраснел от злости.

— Учиться никогда не поздно!

Шум привлёк внимание пани Маевской. Она вышла из парадной и, прикрывая глаза от солнца, с любопытством смотрела в их сторону.

— Да кому в наше время она вообще нужна? — Тухляк пнул металлический столбик. — Кто выколачивает ковры?

— Я! — гордо ответил пан Войтек.

— А кто ещё? — Тухляк с издёвкой посмотрел на него.

— Пани Рычай! — вспомнил дворник. — А иногда сама пани Маевская, — он взглянул на соседку, которая подошла поближе, чтобы лучше слышать.

Подозрительный тип пожал плечами, подошёл к коляске с металлоломом и откатил её к скамейке.

— Вы выколачиваете ковры? — обратился Тухляк к пани Маевской.

— Что вы сказали? — старушка подошла поближе.

— Ковры! — проорал Тухляк, склонившись над ней. — Вы их выколачиваете?

— Да что вы! — пани Маевская заткнула уши. — В последнее время я даже маленький коврик поднять не могу.

— Вот видите... — Тухляк злорадно ухмыльнулся.

— Позитивка мне помогает выколачивать, — продолжила пани Маевская.

Улыбка на лице Тухляка превратилась в раздражённую гримасу.

— Слышали? — торжествовал дворник.

— Или Доминик с четвёртого этажа, — говорила пани Маевская. — А перед Пасхой пан Войтек взялся за мои ковры.

Тухляк покраснел от злости, круто развернулся и пошёл к коляске с ломом. Его напарник пытался пристроить среди рухляди сковороду вок, которая выглядела совсем новой.

— А перед Рождеством приезжал внук с женой, — разговорилась пани Маевская. — Они выбили ковры и половик, который я ещё с мужем покупала, и...

— Пани Маевская, у вас есть сковорода вок? — прервал её охваченный дурными предчувствиями дворник.

— Что у меня есть?

— Вок, — повторил пан Войтек. — Такая круглая глубокая сковорода для китайских блюд?

— Вок?

— Вок.

Пани Маевская задумалась.

— А вы вернёте? — спросила она наконец.

— Да она мне не нужна! — воскликнул пан Войтек. — Я хочу проверить, есть ли она у вас!

— А зачем это вам?

— Вы заперли дверь в квартиру? — крикнул вконец потерявший терпение дворник.

Тухляк и подозрительный тип, поддерживая коляску с двух сторон, медленно направились в сторону ворот.

— А при чём здесь дверь? — удивилась пани Маевская. — Я когда-то купила такую сковороду на специальной презентации, там и кастрюли продавали, очень дорогие. Но я её почти не использую. Честно скажу, для яичницы эта сковорода не подходит. Слишком тяжёлая.

Тухляк с напарником уже докатили коляску до ворот. Перегруженные колёсики скрипели и пищали.

— Ой... дверь... — задумчиво произнесла пани Маевская. — Кажется, я её не заперла.

— Стойте! — крикнул пан Войтек и побежал к воротам. Он преградил путь коляске и достал сковороду из груды металлолома.

— Эй! — рявкнул Тухляк. — Что такое?

— Это не ваше! — засопел пан Войтек.

— Как это не наше? — возмутился тип. — Это старинная сковородка вок, она досталась мне от моей прабабушки!

— Мне что, в полицию позвонить?

Какое-то время они мерили друг друга взглядом.

— Кто тебя просил рот открывать? Тоже мне, придумал, — Тухляк со злостью посмотрел на напарника. — Толкай!

Пан Войтек был уверен, что сковородка вок не принадлежала прабабушке напарника Тухляка. А ты знаешь почему?

Загадка четвёртая,
или Длинная шея жирафа

Доминик решил не унывать, а действовать. Сидя на деревянной ступеньке перед запертой дверью детективного агентства «Розовые очки», он размышлял, что бы на его месте сделал детектив Позитивка. Предположим, что он, Доминик, пропал... Он нахмурил брови и попытался воплотиться в роль худощавого владельца агентства.

— Давайте подумаем, — сказал писклявым голосом детектив Позитивка. — Что нам известно? Во-первых, что пропавшего зовут Доминик. Во-вторых, мы также знаем, что ему девять лет. В-третьих, его нет уже почти два месяца. В-четвёртых, никто не знает, где он. Вывод? Нужно съесть что-нибудь сладкое!

Доминик достал из кармана конфету. Пока что ему прекрасно удавалось играть роль детектива Позитивки.

— Какие ещё выводы у нас есть? — спросил он сам себя с набитым ртом. — Нужно больше сладкого! — Он достал из другого кармана леденец.

Через полчаса сосания леденца он не стал ни на йоту умнее, но зато у него начал болеть зуб. Он как раз думал, не сдаться ли, когда внизу хлопнула входная дверь. Доминик быстро вскочил и подбежал к окошку на лестничной площадке. По двору к воротам шёл Тухляк. Под мышкой он держал какой-то длинный предмет, завёрнутый в газеты.

— Детектив Позитивка! — пропищал Доминик. — Вперёд за подозреваемым! — И он побежал вниз, перескакивая через три ступеньки.

Когда он выбежал на улицу, Тухляк как раз скрылся в воротах дома напротив. Доминик посмотрел налево и направо, а потом перебежал дорогу. Стараясь быть незаметным, он вошёл в чужой двор. Здесь не было так уютно, как у них во дворе. На месте бывшего сквера соорудили бетонную площадку — теперь вместо деревьев там стоял автомобиль. Скамейку со сломанной деревянной спинкой придвинули к мусорному баку. В тёмный угол двора втиснули небольшую песочницу с осыпавшимися бетонными бортиками. Глубиной она больше напоминала колодец, в песке серого цвета было полно битого стекла и окурков. Тухляк остановился рядом и развернул газеты. Оказалось, что в них была завёрнута лопата.

— Вы снова решили заняться палеонтологией? — спросил Доминик, подходя ближе. Он решил, что дальше прятаться в маленьком дворе нет смысла. Рано или поздно Тухляк всё равно его заметит. — Вы ищете скелет неизвестного науке предка жирафа?

— А ты на неприятности нарываешься? — огрызнулся Тухляк.

— И вы будете показывать его за деньги зрителям? — невозмутимо продолжал Доминик.

Тухляк невольно скривился от неприятных воспоминаний. Тот весенний день...

...Он с утра вертелся во дворе, скалясь всем в улыбке. Невиданное дело! Пан Войтек от удивления перестал мести двор. Пани

Рычай чуть не упала, услышав от Тухляка «добрый день». Пани Маевская остолбенела, когда тот открыл ей дверь. Только дети с недоверием относились к внезапным переменам во владельце агентства «Безнадёга». Дети, и, конечно, детектив Позитивка.

— Что-то затевается, — шепнул он пану Войтеку на ухо. — Запомните мои слова.

— А может, он всё-таки поумнел? — Дворник с любопытством наблюдал за преображением соседа. — Его освободили из тюрьмы досрочно. Достаточно одной выходки — и он вернётся за решётку.

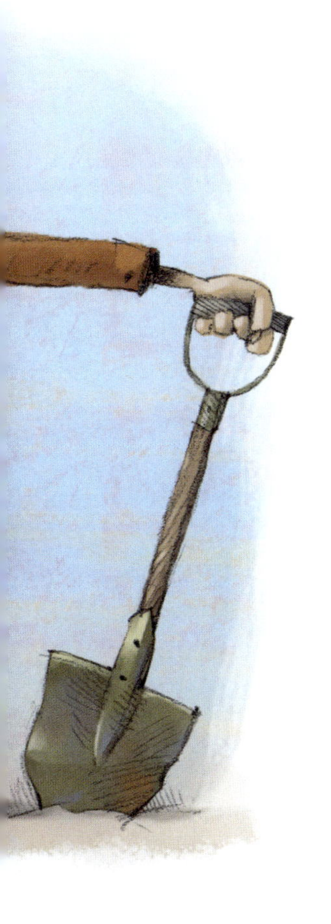

— Пан Войтек, — детектив Позитивка снисходительно посмотрел на него, — если бы это сказала Ася, я бы ещё понял, но вы... — Он покачал головой.

Вечером опасения детектива Позитивки подтвердились. Возвращаясь с ежедневной велосипедной прогулки, он увидел, как почти все жители дома идут за Тухляком в дальний угол парка. Там у входа в большую палатку сидел на

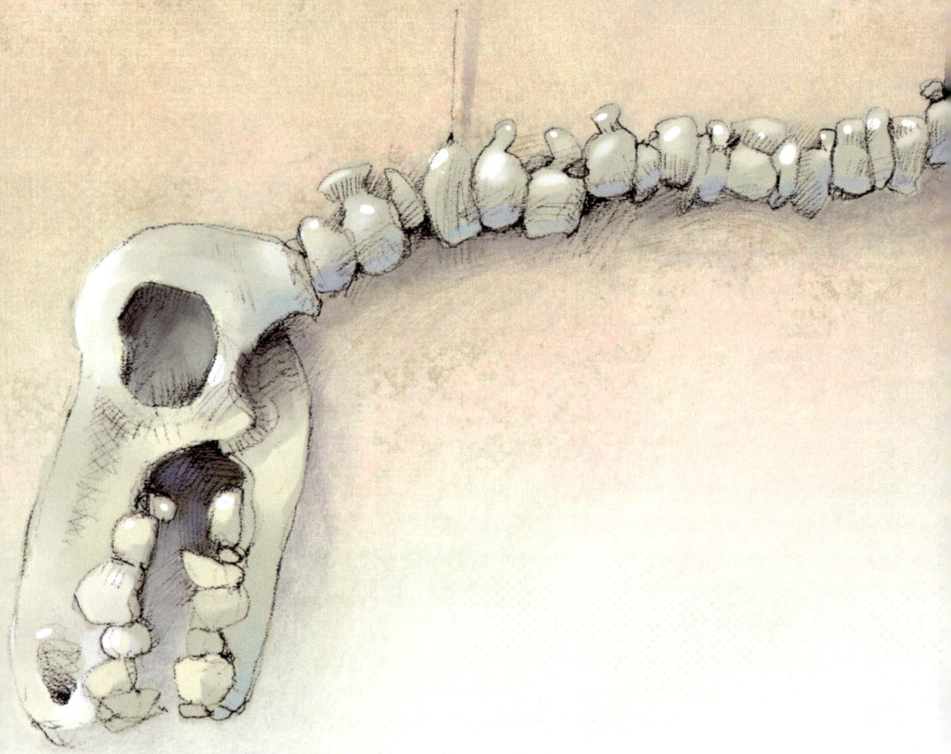

складном стуле один из неприятных дружков Тухляка.

Детектив Позитивка спрыгнул с велосипеда и прочитал написанное от руки объявление на стене палатки.

«Сенсационное открытие! — гласили каракули. — При раскопках найден скелет неизвестного науке предка жирафа! Не пожалейте 10 злотых и посмотрите на ЖИРАФОЗАВРА!»

— Пойдём? — Зузя потянула папу за рукав.

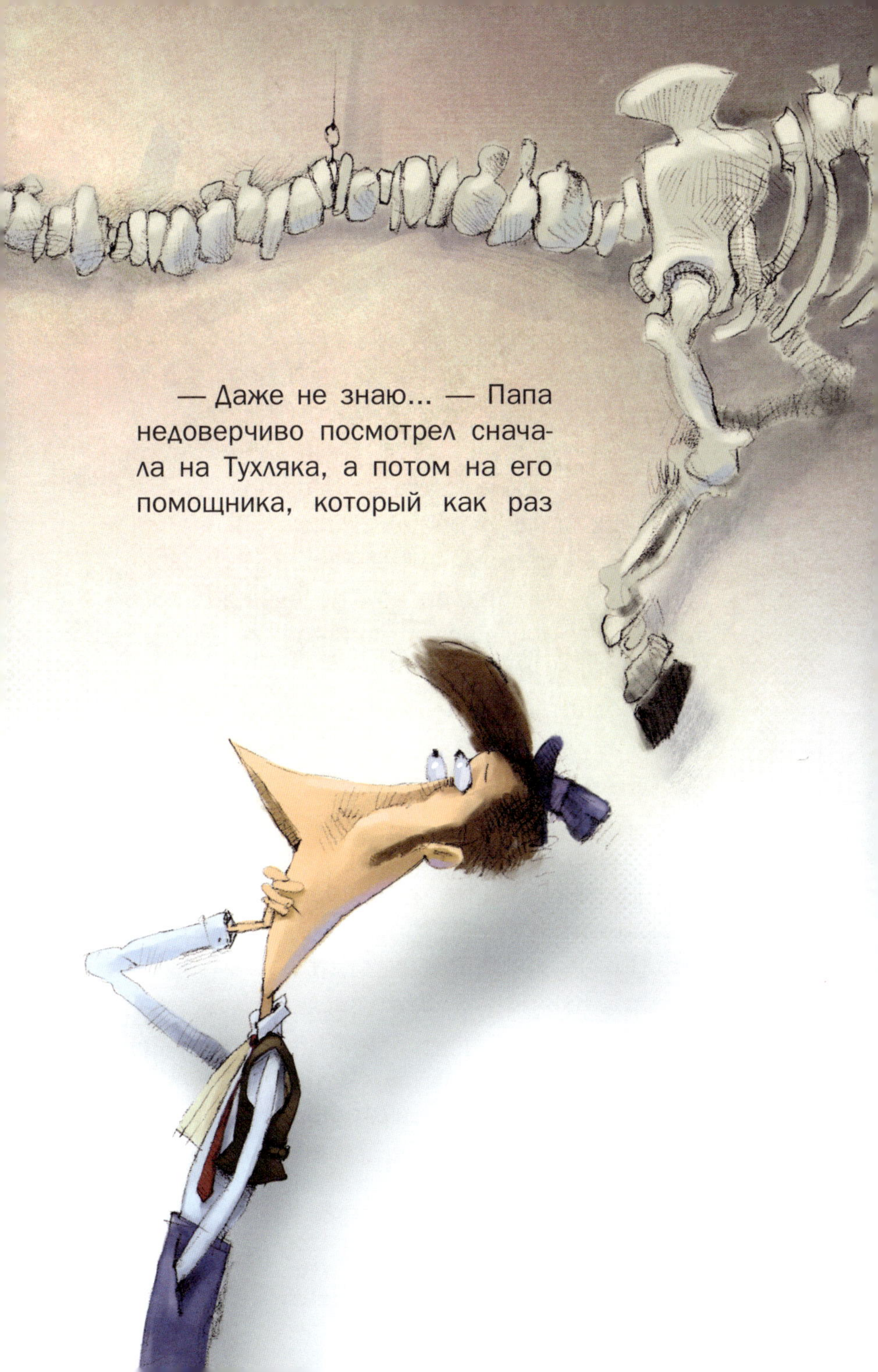

— Даже не знаю... — Папа недоверчиво посмотрел сначала на Тухляка, а потом на его помощника, который как раз поставил на походный столик переносную кассу. — Я и не знал, что Тухляк у нас археолог.

— Палеонтолог-любитель! — громко ответил владелец «Безнадёги». — Это моё увлечение ещё с детства! И вот, оно того стоило! — Он радостно загоготал.

Привлечённые скидками («Восемь злотых за билет — по знакомству!») соседи начали по одному заходить в большую палатку. Внутри висели два прожектора, освещавшие место раскопок и сенсационную археологическую находку. К удивлению детектива Позитивки, все выходили в радостном возбуждении. Поэтому он смирился с потерей восьми злотых и тоже встал в очередь.

Находка действительно производила впечатление. Детектив Позитивка рассматривал скелет диковинного зверя, шея которого вытянулась на всю длину палатки. Казалось невероятным количество позвонков — их было почти семьдесят. Не меньшее удивление вызывала глубина, на которой был найден скелет. Похоже, что Тухляк едва копнул землю лопатой, как наткнулся на кости.

— Случайность, — объяснял счастливый палеонтолог-любитель. — В рамках наказания... то есть на общественных началах я решил вскопать клумбы — и вот пожалуйста!

Удивлённый детектив Позитивка покачал головой и вышел из палатки.

— Производит впечатление, правда? — спросил его возбуждённый пан Войтек. — Жирафозавр в нашем городе, кто бы мог подумать!

— Это мистификация, а не жирафозавр! — запыхтел детектив.

— Мисти... что? — уточнил Доминик.

— Обман, вот что!

Детектив Позитивка посмотрел на длинную очередь любопытных посетителей, которые терпеливо стояли за билетами.

— Вы думаете, что это скелет обычного жирафа? — удивился пан Войтек.

— Нет, уж точно не жирафа! — решительно ответил детектив.

— Почему? — удивился Доминик. — Ведь у этого животного длинная шея, как у настоящего жирафа!

— Да, длинная, — ответил Позитивка, — но на этом сходство заканчивается...

...У Доминика и Тухляка всплыли в памяти воспоминания об этом вечере. Мальчик видел перед глазами улыбающееся лицо торжествующего детектива, а Тухляк вспоминал мигалки полицейских автомобилей.

— Я тут стекло отсеиваю, — буркнул он, избегая взгляда Доминика. — В рамках наказания, то есть на общественных началах.

А потом воткнул лопату в грязный песок и начал копать.

Сложно сказать, что́ Тухляк искал в песочнице, но зато легко догадаться, как детектив понял, что найденный скелет не принадлежал жирафу. Ты тоже знаешь?

Загадка пятая,

или Настоящее сокровище

Ночью поднялся ветер. Несущиеся по небу облака то и дело закрывали полную луну, а их тени лизали погружённые в сон дома. Зузю разбудило постукивание форточки, которую раскачивали сильные порывы ветра. Девочка открыла глаза. Сон как рукой сняло. Отблески луны освещали оживлённую ветром занавеску. Сейчас она напоминала призрака, протягивающего руки к девочке.

Щёлк! Вспыхнул свет включённого Зузей ночника. Девочка вздохнула с облегчением. Привидение превратилось в обычную занавеску.

Она встала с кровати и подошла к окну. Чтобы закрыть форточку, ей пришлось сначала залезть на стул, а потом на подоконник. С закрытым окном завывания ветра перестали быть слышны. Зузя уже собиралась осторожно спуститься на пол, как что-то привлекло её внимание. Она прижалась лбом к стеклу. Погружённый во мрак двор напоминал мрачный, бездонный колодец. Но когда луна временами освобо-

ждалась от назойливой опеки облаков, она освещала силуэт какой-то фигуры в самом углу, за песочницей. Зузя выключила ночник и снова подошла к окну. Расплющив нос о холодное стекло, она пристально вглядывалась в темноту. Облака закрыли всё небо, но Зузе показалось, что она видит небольшую белую фигуру, которая забирается в песочницу, затем опускается на колени и...

Осторожно, чтобы не наделать шума, девочка начала открывать окно. Неожиданно ветер дёрнул створку, скрипнули несмазанные петли. Луна выскользнула из-под одеяла из облаков. Испуганная Зузя посмотрела вниз и замерла.

В песочнице стояла мумия. Она смотрела на четвёртый этаж.

Её лицо, как и всё тело, было обмотано грязными бинтами. Несколько секунд страшная фигура стояла неподвижно, а потом, когда очередная туча заслонила луну, побежала к воротам.

Зузя упала без чувств.

Ей снилось, что она озябшими руками копает глубокую яму в грязном песке старой песочницы. Ей светили только звёзды и дрожащее пламя свечки, спрятанной в выбоине бортика. В земле было полно окурков, крышечек и осколков стекла, поэтому Зузя копала осторожно, чтобы не пораниться. Внезапно она нащупала кончиками пальцев плоскую деревянную поверхность. Сердце забилось сильнее. Дрожащими руками она стала разгребать песок быстрее в надежде на то, что наткнулась на крышку небольшого сундучка. Минут через пятнадцать крышка была откопана.

— Отличная работа, — хихикнул кто-то.

Зузя вздрогнула. Из темноты появилась белая фигура. С головы до ног она была замотана грязными бинтами. Вместо глаз виднелась тонкая тёмная полоска.

— Открой, дорогая...

Она не сдвинулась с места.

— Смелее, — подбадривала её мумия.

Зузя оцепенела от страха.

— Я не причиню тебе вреда, — прошептала мумия. — Просто открой её.

Девочка послушно наклонилась и, не отводя взгляда от неподвижной мумии, нащупала край крышки. А потом на удивление легко подняла её. Только сейчас она посмотрела вниз и разочарованно вскрикнула. В сундуке не было драгоценностей, только старые, ржавые золотые монеты.

— Вот видишь, — засмеялась мумия. — Не стоило копать. Это золото слишком долго

здесь пролежало. Оно никуда не годится. — А потом отступила на шаг и исчезла в темноте.

— Зузя, вставай! — Доминик тормошил лежавшую у батареи сестру.

По-прежнему было темно, но ветер утих. Теперь луна спокойно плыла по усеянному звёздами небу.

— Почему ты здесь спишь?

— Берегись мумии... — прошептала Зузя.

— Вставай! — Доминик снова начал её тормошить. — И ложись в кровать. Ты так громко кричала, что я проснулся.

Девочка посмотрела на него более осмысленно. А потом огляделась вокруг и вспомнила свой страшный сон.

— В песочнице закопан клад, — прошептала она.

— Настоящий? — Доминик встал и посмотрел в окно.

Зузя молчала.

— Настоящий? — спросил он снова.

— Нет, — с грустью ответила она после небольшой паузы. — Ненастоящий.

И с поникшей головой пошла к кровати.

Сложно сказать, откуда взялась мумия во сне Зузи, но зато легко понять, был ли клад настоящим. Конечно, нет. А ты знаешь почему?

Загадка шестая,

или Рыбак в песочнице

— Вы что-нибудь поняли из этого письма? — Пани Маевская остановилась рядом с дворником, подметавшим тротуар.

— Из какого письма? — устало спросил пан Войтек. С самого утра у него была масса хлопот. Сначала кто-то припарковал автомобиль у самых ворот, и пану Войтеку пришлось выкатывать мусорные баки на улицу, потому что мусоровоз не мог заехать во двор. Потом Тухляк зачем-то стал копать в песочнице (а накануне, как сообщил Доминик, он копал в соседнем доме). Позже во двор зашёл какой-то иностранец и долго молча за всем наблюдал. С ума можно сойти!

— Каждый из жильцов получил письмо от местной администрации, — напомнила пани Маевская. — Не только жильцы из нашего дома, но и из соседних. Семь домов! Я уже несколько дней перечитываю это письмо и всё равно ничего не понимаю.

— А, вы про это письмо... — наконец-то сообразил пан Войтек. — Я его прочёл.

— И что?

— В суде рассматривается дело о возвращении домов, — сказал дворник. — Кажется, появились наследники прежнего владельца. Он жил здесь ещё до войны.

Пани Маевская испуганно округлила глаза.

— А вы можете понятнее объяснить? — попросила она.

— Пани Маевская, всё очень просто, — вздохнул пан Войтек. — До войны эти дома кому-то принадлежали, но потом владелец умер. После войны здесь поселились уцелевшие жители. А теперь оказалось, что у владельца были дети, а у этих детей родились свои дети, и теперь они хотят вернуть имущество деда. Всё просто!

— А что же с нами будет? — испугалась пани Маевская.

— А я-то откуда знаю? — пан Войтек беспомощно развёл руками и вернулся к работе.

Когда из школы вернулась пани Рычай, оказалось, что дело ещё запутаннее.

— Какой ещё владелец? — возмущённо сказала она. — Я уже звонила в администрацию по этому вопросу! Это какой-то обман! Все эти здания строили на взносы. Я это знаю, потому что мой дедушка организовал кооператив, который строил эти дома. Жаль, что почти все документы пропали во время войны...

— То есть нам нечего опасаться? — с надеждой спросила пани Маевская.

Но пани Рычай беспомощно развела руками.

Вечером, когда пан Войтек переодевался ко сну, он услышал стук лопаты во дворе. Ворча себе под нос, он надел халат, сунул ноги в стоптанные туфли и вышел на улицу. Он

знал, кого застанет в песочнице, и предчувствие его не обмануло — в яме стоял Тухляк с лопатой в руках.

— Что это вы, чёрт побери, здесь делаете? — возмущённо спросил дворник, забыв о вежливости.

— Разве не видно? — услышал он в ответ. — Я ищу дождевых червей. Вы ведь рыбак и знаете, зачем они нужны.

— В песочнице? — удивился дворник.

— Здесь самые хорошие, — огрызнулся Тухляк.

— Ерунда! — рассердился пан Войтек. — Немедленно закопайте эту яму. Из вас рыбак, как из меня балерина!

С этими словами рассерженный дворник вернулся домой.

Тухляк точно не мог искать дождевых червей в песочнице. А ты знаешь почему?

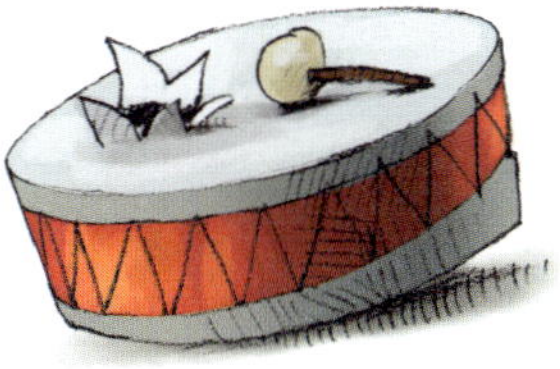

Загадка седьмая,

или «Квартет трёх ловкачей»

Хотя ночью пан Войтек плохо спал, он неожиданно для себя проснулся в хорошем расположении духа и раньше своей жены (хотя обычно бывало наоборот). Он встал с кровати и, что-то напевая себе под нос, пошёл на кухню. За окном уже было светло. Солнечные лучи скользили по стене дома и пробирались во всё ещё погружённый в темноту двор. Как всегда в это время стрекотали сороки, а ласточки устраивали традиционные гонки вокруг труб. На душе было радостно. Хрупкие ветви тополя зашумели, аккомпанируя мелодичному пению птиц.

— Зазузи-зазу-за-а!.. — вырвалось из груди дворника.

Он включил чайник, чтобы заварить чай, и пошёл в ванную. Трубы завыли, кран фыркнул, смывной бачок зажурчал. Это утро напоминало симфонию. Пан Войтек выдавил пасту на зубную щётку, а потом начал энергично чистить зубы, в такт звучавшей у него в голове и постепенно ускорявшейся мелодии. Он закончил эффектно, словно скрипач в творческом порыве. Как жаль, что с такой музыкальной чисткой зубов не приглашают в филармонию. Он сполоснул щётку и бросил её в стакан. Её звякание стало последним аккордом утреннего концерта.

— Обязательно так шуметь?.. — зевая спросила жена пана Войтека, входя в ванную.

Дворник с недоумением посмотрел на неё.

— Вчера ты где-то бродил ночью, — ворчала заспанная жена, — а теперь воешь с утра пораньше.

— Я напеваю, — пытался объяснить пан Войтек.

— А ещё ты топаешь!

— Я хожу.

— Но как?

— И как же?

— Да вот так! — жена пана Войтека громко зашлёпала по полу босыми ногами.

Пан Войтек должен был обидеться, но у него всё ещё было прекрасное настроение. Казалось, что всё вокруг играет и поёт. Поэтому он просто поцеловал свою вставшую не с той ноги жену в лоб, а потом танцующей походкой отправился заваривать чай.

— Лишь бы это не был один из этих дней, — услышал он за спиной.

— Каких дней?

— Танцевальных, — напомнила жена пана Войтека. — Когда Тухляк заставляет других плясать под свою дудку...

— Ох, не каркай. — Дворник почувствовал, что хорошее настроение улетучивается.

— А ты вспомни, что было перед каникулами!

Пан Войтек молча наливал воду в чайник. Мыслями он перенёсся в тот июньский день...

...Солнце светило, и казалось, что всё колышется в ритме бесшумной музыки: деревья, цветы, идущая в магазин пани Маевская, детектив Позитивка, накачивающий колесо велосипеда. Даже Тухляк, который сидел с закрытыми глазами на скамейке и время от времени похрапывал, — как будто играл на испорченном саксофоне. Пан Войтек шёл пританцовывая через двор, кружась с метлой, размахивая ею и прижимая её к себе — все его движения были лёгкими, грациозными, словно он танцевал танго. Стоявшая на балконе жена покрутила пальцем у виска. Пани Рычай захлопала с четвёртого этажа. Кто-то бросил пару монет. Они со звоном покатились по бетонным плитам. Тухляк с любопытством приоткрыл налившийся кровью глаз и следил за сверкавшими на солнце монетами.

— Ну надо же, — зевнул он, поглядывая на смущённого дворника. — Подрабатываете в свободное время?

— Да ладно вам.

— Не стоит стесняться. — Тухляк одобрительно покивал. — Ловко придумано!

Уже вечером в округе появился бродячий оркестр под названием «Квартет трёх ловкачей». Впереди с барабаном шествовал владелец «Безнадёги». Рядом с ним выступал Новичок, изо всех сил дувший в дудку, и какой-то подозрительный тип, терзавший скрипку. В результате получалась жуткая какофония. Жители домов бросали им из окон деньги в надежде, что они уйдут подальше.

— Это обман! — возмутился детектив Позитивка, останавливая их в воротах. — Вы же играть не умеете!

— Как это не умеем? — изумился подозрительный тип.

— Они нас любят! — Новичок победоносно потряс карманом, набитым монетами.

— А я в музыкальную школу ходил, — заявил Тухляк. — Поэтому прочь с дороги!

И он оттолкнул детектива Позитивку.

— Если бы это было правдой, — крикнул им вслед наш герой, — то вы бы знали, что название «Квартет трёх ловкачей» — полная чушь!

Горе-музыканты с беспокойством посмотрели друг на друга.

— Почему? — наконец отозвался Новичок.

— Сами подумайте, — возмущённо ответил детектив Позитивка.

И пошёл предупредить соседей об очередной хитрости Тухляка.

Действительно, название «Квартет трёх ловкачей» выдало музыкальное невежество Тухляка. Знаешь почему?

Загадка восьмая,

или Здравия желаю, господин генерал!

— Он вернулся? — пан Юзеф, часовщик из дома напротив, остановил спешившую домой пани Рычай.

— Кто? — учительница встала рядом со входом в мастерскую. До неё доносилось тиканье часов. Оно напомнило ей перешёптывание учеников во время контрольной.

— Детектив Крапивка, — пояснил пан Юзеф.

— Позитивка, — поправила его пани Рычай.

— А я что сказал? — смутился часовщик. Он всегда с трудом запоминал фамилии.

— Неважно, — пани Рычай махнула рукой. — Он не вернулся.

Пан Юзеф вздохнул и посмотрел на пасмурное небо. Вроде было тепло, но дул холодный ветер. Растрёпанные седые волосы падали часовщику на глаза. Он поднял оправу очков с переносицы на лоб, чтобы более-менее усмирить буйную шевелюру.

— А что говорит полиция? — поинтересовался он.

— Мы уже заявляли об исчезновении два раза, — пани Рычай пожала плечами. — Второй раз вчера.

— И что?

— Пока ничего.

Наступило молчание.

Осень потихоньку вступала в город: листья начали желтеть, по утрам солнце капризничало и вставало всё позже. Снова понадобились будильники — каждый день в мастерскую пана Юзефа приносили на починку хотя бы один.

— А Мертвяк теперь делает, что ему вздумается? — часовщик грустно покачал головой.

— Тухляк, — машинально поправила его пани Рычай.

— А я как сказал?

— Неважно, — она махнула рукой. Но потом с любопытством посмотрела на часовщика: — А мою фамилию вы помните?

— А как же! — пан Юзеф даже покраснел. — Конечно, помню.

— И какая же? — безжалостно спросила пани Рычай.

— Ну что это! — возмутился часовщик. — Вы мне проверку устраиваете?

— Рыы... — начала пани Рычай.

— Рыы... — повторил пан Юзеф, следя за её губами.

— А может, Руу... — не отступала учительница.

— Ручей! — крикнул обрадованный часовщик. Но сразу поправил сам себя: — Нет, Круча! Извините, Обычай! Точно, пани Обычай!

Пани Рычай посмотрела на него с жалостью.

— Бычай? — пан Юзеф зашёл в тупик. — Вспомнил! Бычковский — это фамилия того генерала военно-морского флота в отставке, который принёс в ремонт старинные часы. Букашкин, не Бычковский. А может, Пузырьковский? — он снова беспомощно уставился на пани Рычай.

— Что ещё за отставной генерал военно-морского флота? — удивлённо спросила она.

— Так это коллега Дохляка.

— Тухляка!

— Тухляка, — согласился часовщик. — Утром они принесли красивые старинные настенные часы, — он указал на лежавшие на прилавке антикварные часы.

Пани Рычай насторожилась.

— Вы уже вызвали полицию?

— Нет, зачем?

— Это наверняка краденая вещь! — возмущённо ответила учительница, доставая из сумочки телефон. — Вы что, Тухляка не знаете?

— Тухляка-то я знаю, — пробормотал часовщик. — Но генерал Пузырьковский произвёл на меня очень приятное впечатление!

— Такой солидный — и дружит с Тухляком? — Пани Рычай иронично улыбнулась. — Генерал военно-морского флота, тоже мне... — И осуждающе качая головой, она стала набирать телефон полиции.

Возможно, пани Рычай была неправа и часы не были украдены, но коллега Тухляка точно не был генералом военно-морского флота. Понимаешь почему?

Загадка девятая,
или Сюрприз

В полдень разнёсся слух, что внук и наследник прежнего владельца домов в округе решил организовать пресс-конференцию — в доме, за порядком в котором следил пан Войтек. Двор наполнился жильцами и журналистами — столько камер, микрофонов и диктофонов здесь ещё не видели. Перед перекладиной для выколачивания ковров соорудили небольшое возвышение. Тухляк в чёрном костюме и рубашке, застёгнутой на все пуговицы (но без галстука), прислонил к бортику песочницы надраенную до блеска лопату. Мама Аси удивлённо посмотрела на него.

— Его наняли как официального представителя, — пояснил пан Юзеф, часовщик из дома напротив.

— Представителя кого?

— Того внука, который хочет вернуть себе дома, принадлежавшие деду.

— Я уже говорила, что это обман! — возмутилась пани Рычай. — Дома были построены на взносы. Нет других владельцев, кроме жильцов квартир!

— Попробуйте объяснить это журналистам... — пан Войтек кисло улыбнулся.

К сожалению, во время конференции пани Рычай не смогла выступить. Внук оказался элегантно одетым пожилым мужчиной в чёрных очках и с чёрными крашеными усами. Он вышел во двор, осмотрелся и подождал, пока журналисты включат своё оборудование. Потом он снял очки и театральным жестом вытер слезу умиления. Пан Юзеф удивлённо уставился на него. Он хотел что-то сказать, но в этот момент Тухляк подскочил к наследнику, поклонился и, скаля жёлтые зубы, указал на возвышение.

— Хелоэ! — громко произнёс внук. — Добрый морнинг!

Тухляк услужливо захлопал в ладоши.

— Привествовать в май олд... — внук нахмурил брови, чтобы вспомнить забытое польское слово. — В мой старый хоум!

— Я переведу, — откашлялся Тухляк. — Законный наследник довоенного владельца этого и шести других домов в округе приветствует вас всех в доме, принадлежавшем его семье.

Жители недовольно зашумели.

— Дело уже в суд!.. — произнёс на ломаном польском элегантный мужчина. — Документ во время сэконд уорд...

— Во время Второй мировой войны, — театральным шёпотом произнёс Тухляк.

— Во время долгий война все документы капут! — воскликнул мужчина. — Погибать в файер!

— Сгорели, — перевёл Тухляк.

— Бат тудэй!..

— Но сегодня...

— Я пруф, что говорить труфс!

— Я докажу, что говорю правду. — Тухляк обвёл взглядом собравшихся журналистов.

Пан Юзеф неожиданно схватил пани Рычай за плечо.

— Генерал! — взволнованно прошептал он. — Это же Пузырьковский, который принёс часы! Только теперь у него усики.

Учительница удивлённо посмотрела на него.

— Май несчастный фазер, — мужчина вытер ещё одну слезу, — во время война закопать здесь свой тойз!

— Мой несчастный папа во время войны закопал в этой песочнице свои любимые игрушки, — переводил Тухляк.

— Энд нау!..

— А теперь...

— Я их откопать! — Мужчина поклонился, подошёл к лежащей на бортике лопате, а потом позвал операторов. — Подойти ближе, клоузер!

— Прошу, снимайте всё! — Тухляк подгонял журналистов в сторону песочницы.

Жители вставали на цыпочки и вытягивали шеи. Операторы включили камеры. Мужчина снял пиджак, бросил его Тухляку, поплевал на ладони и начал копать. В толпе жильцов и журналистов стало так тихо, что было чётко слышно каждый стук лопаты и шелест высыпаемой земли. Пан Войтек и пан Юзеф с беспокойством переглянулись.

— Есть! — неожиданно крикнул мужчина. — Клад! — Лопата ударилась о какой-то деревянный предмет.

Журналисты в волнении склонились над не очень глубокой ямой. Крышка сундука действительно выглядела достаточно старой.

— Бедный фазер! — всплакнул мужчина. — Если он жить, был бы такой хэппи!

— Бедный отец, — переводил Тухляк. — Будь он жив, он бы так обрадовался, увидев свой старый сундук с игрушками, доказательство того, что здесь прошло его счастливое детство сына домовладельца!

— Какой хороший переводчик, — пани Рычай язвительно улыбнулась.

От волнения наследник лишился сил. Он отдал лопату Тухляку, а сам вылез из ямы, отряхнул песок с брюк и вытер текущие по щекам слёзы (или капли пота).

— Но ведь игрушки ничего не доказывают, — прошептал пан Войтек.

— Но на суд это произведёт впечатление, — прошептал в ответ папа Зузи и Доминика.

Тухляк быстро откопал сундук. А потом, собрав все силы, поднял его и поставил рядом с песочницей. В набитой землёй замочной скважине всё ещё торчал ржавый ключ. Несмотря на то что прошло столько лет, ключ повернулся в замке на удивление легко. Тухляк вопросительно посмотрел на внука.

— Опэн! — прошептал тот. — Для меня это слишком сэд...

— Мне поручено открыть сундук, — торжественно заявил Тухляк. — Для наследника владельца этого дома это очень грустный и волнительный момент.

Операторы молча склонились над сундуком.

Крышка открылась со скрипом.

Внутри, на сером песке, лежал...

— Листок, — выдавил из себя

ошеломлённый Тухляк. — Листок с напечатанным словом.

Элегантный мужчина побледнел, покраснел, а потом испепелил взглядом Тухляка.

— Что там написано? — деловито спросил один из журналистов.

— «Ку-ку», — пробормотал Тухляк.

— «Ку-ку», — записали журналисты. — Просто лист бумаги из принтера?

— Похоже, что папочка нашего героя любил играть с принтером, — пробормотал Тухляк.

Жильцы засмеялись. Внимание журналистов переключилось на внука.

— Вы можете это как-то объяснить?

— Нет, — буркнул он.

— А вы? — На этот раз камеры и микрофоны нацелились на Тухляка.

— Нет.

— Зато я могу, — послышалось со стороны ворот.

Головы собравшихся повернулись одновременно. По двору шла…

— Мумия! — Зузя схватила брата за руку. — Я же говорила!

— Это не мумия. — Доминик подпрыгнул от неожиданности и бросился к замотанной бинтами худощавой фигуре. — Это детектив Позитивка!

Крики радости и удивления смешались с гулом заинтересованных журналистов. Детектив Позитивка медленно шёл через двор. Казалось, что он похудел ещё больше, если это возможно, но через щель в бинтах блестели его разгневанные глаза.

— Я могу это объяснить, — повторил он, остановившись перед камерами. — Эти жулики решили подделать документы, потом отнесли их в суд, придумали душещипательную историю об игрушках в песочнице, а всё для того, чтобы выгнать жильцов на улицу, а их квартиры продать!

Элегантный мужчина, пользуясь суматохой, попятился к воротам.

— Я напал на их след больше двух месяцев назад, — продолжал детектив Позитивка. — Но они устроили на меня засаду и избили. Много недель я лежал в больнице без сознания... Однако они не предусмотрели, что в конце концов я очнусь и продолжу следствие. Это я однажды ночью выкопал купленные на блошином рынке игрушки и подменил их листком бумаги.

— Вот видите! — пискнула обрадованная Ася.

Тухляк незаметно двинулся вслед за сообщником.

— И это я сообщил полиции, — продолжал детектив Позитивка, — о мошеннике, выдающем себя за гражданина Англии, который хочет присвоить себе семь домов!

Вдалеке послышался вой полицейских сирен.

— Только уан вик... то есть... один недель назад приехать из Лондон! — крикнул франт, после чего повернулся и бросился наутёк.

— Хватайте его, — неискренне выдавил из себя Тухляк и побежал следом.

Пан Войтек хотел броситься в погоню, но детектив Позитивка жестом остановил его.

— Не нужно, — сказал он. — Снаружи уже ждёт сержант Мрочек.

Похоже, что на улице остался один из телеоператоров, потому что в вечернем выпуске новостей взбудораженные жильцы дома увидели кадры, на которых элегантный мужчина выскакивал из ворот, подбегал к краю проезжей части, смотрел сначала налево, потом направо, потом снова налево, а затем перебегал дорогу — прямо в руки сержанта. В этот момент полицейский Ожеховский уже надевал на Тухляка наручники.

— Если это гражданин Англии, — заметил пан Войтек, — то с его арестом могут быть проблемы.

— Пан Войтек, — рассмеялся детектив Позитивка, — вам нужно быть внимательнее. Тогда бы вы заметили, что этот человек недолго жил в Лондоне.

Пан Войтек вопросительно посмотрел на него. А потом махнул рукой и улыбнулся — с детективом Позитивкой дом снова был в полной безопасности!

Как ты думаешь, откуда детектив Позитивка узнал, что элегантный мужчина недолго жил в Англии?

Разгадки загадок

Разгадка первая

Если бы детектив Позитивка появился дома, он бы точно забрал почту из своего почтового ящика, но там по-прежнему лежали письма.

Разгадка вторая

Если бы Ася говорила правду, и её мама действительно налила молоко прямо перед приходом детектива Позитивки, то в тарелке не успела бы образоваться пенка.

Разгадка третья

Сковорода вок известна в Китае с древности, но в Европе она стала популярна недавно, поэтому пан Войтек усомнился в том, что скворода, которую собирался увезти подозрительный тип, принадлежала его прабабушке.

Разгадка четвёртая

Вы удивитесь, но у жирафа, как и у человека, только семь шейных позвонков.

Разгадка пятая

Сложно сказать, что́ означал сон Зузи, но приснившееся ей золото не было настоящим. А всё потому, что золото, как и все благородные металлы (в том числе серебро или платина), не ржавеет!

Разгадка шестая

Дождевые черви живут в плодородной, влажной земле, а не в сухом песке, поэтому ни один рыбак не будет искать их в песочнице.

Разгадка седьмая

Если выступает один музыкант — это сольный концерт. Если музыкантов двое — это дуэт. Если трое — трио. Четверо — это квартет, пятеро — квинтет, шестеро — секстет, семеро — септет, а восемь — октет. В ансамбле «Три ловкача» было только трое музыкантов, поэтому они не могли быть квартетом. Все, кто учился в музыкальной школе, это знают.

Разгадка восьмая

У моряков свои воинские звания, и генерала среди них нет, только адмирал. Знакомый Тухляка мог быть генералом, но точно не военно-морского флота.

Разгадка девятая

Прежде чем перебежать через улицу, элегантный мужчина посмотрел налево, потом направо, а потом снова налево. Если бы он долго жил в Англии, где движение левостороннее, он бы машинально посмотрел сначала направо, потом налево, а потом снова направо.

Содержание

Фото: Кася Марцинкевич

Гжегож Каздепке *предпочитает писать книги, а не автобиографию, поэтому, к ужасу издательства, эти несколько строк он писал больше полугода.*

По образованию я журналист, по призванию — сказочник. Написал множество детских книг, говорят, что некоторые из них популярны.

Лентяй и обжора. Телевизионный сценарист. Люблю радио, подготовил множество радиопостановок.

Пожиратель книг — свою первую книгу сжевал ещё в колыбели и теперь глотаю их с не меньшим энтузиазмом.

Фантазёр и мечтатель. Люблю пошутить. Когда на многочисленных авторских встречах спрашивают, люблю ли я детей, решительно отвечаю: «Нет!» А потом ржу, как осёл — и все понимают, что это всё-таки неправда.

Соавтор очень удачно получившегося сына Каспера, с мыслями о котором я сочинял новые, конечно же серьёзные, произведения. Книжка про детектива Позитивку появилась в то время, когда мне каждый день приходилось отвечать на миллион вопросов Каспера. Почему трава зелёная? Почему дождь идёт вниз? Почему, почему, почему... Я подумал, что человеку, который каждый день встречается с таким количеством загадок, точно нужен весёлый и сообразительный помощник. Так и появился детектив Позитивка.

Фото: Магдалена Восик

А про художника этой книжки написал редактор, и гораздо быстрее автора Каздепке.

Художник Пётр Рыхель родился в 1962 году. Учился в польском Вроцлаве — сначала в Художественном лицее, а потом в Академии искусств. С 1990-х годов занимается графическим дизайном, рисует чудесные иллюстрации для детей, иногда и для взрослых. Придумал и создал графический образ детектива Позитивки, главного героя бестселлера Гжегожа Каздепке. В свободное время катается на мотоцикле.

Литературно-художественное издание

Для детей среднего школьного возраста

Гжегож Казлепке

ВОЗВРАЩЕНИЕ ДЕТЕКТИВА ПОЗИТИВКИ

Художник Пётр Рыхель

Подписано в печать 01.10.2020 г. Формат 84 × 108 $^{1}/_{32}$. Бумага офсетная.
Гарнитура BloknotC. Печать офсетная. Печ. л. 2,5. Тираж 2000 экз. Заказ № 21283

Дата изготовления: октябрь 2020 г. Срок службы (годности): не ограничен
Условия хранения: в сухом помещении. Отпечатано в России

Знак информационной продукции (Федеральный закон № 436-ФЗ от 29.12.2010 г.): 12+
Товар соответствует требованиям ТР ТС 007/2011 «О безопасности продукции, предназначенной для детей и подростков».

ООО «Издательство „Речь"». 199178, Санкт-Петербург, а/я 96
Тел.: (812) 323-90-63, rech-edit@mail.ru, www.rech-deti.ru
Интернет-магазин: www.rech.spb.ru

rech_deti rech.deti rechbooks

Отпечатано в типографии ООО «ЛД-ПРИНТ»
196644, Россия, Санкт-Петербург, Колпинский р-н, пос. Саперный,
территория предприятия «Балтика», д. б/н, лит. Ф
Тел.: (812) 462-83-83, office@ldprint.ru